ANALIZA KSIĄŻKI

AF142029

Nazywała się Sara

· · · · · · · · · · · · · · ·

Tatiana de Rosnay

ANALIZA KSIĄŻKI

Napisany przez Cécile Perrel
Przetłumaczony przez Kâmil Kowalski

Nazywała się Sara

TATIANA DE ROSNAY

TATIANA DE ROSNAY

FRANCUSKA DZIENNIKARKA I POWIEŚCIOPISARKA

- **Urodzona w Neuilly-sur-Seine w 1961 r.**

- **Godne uwagi prace:**
  - *La Mémoire des murs* (2003), powieść
  - *Klucz Sary* (2007), powieść
  - *À l'encre russe* (2013), powieść

Tatiana de Rosnay urodziła się w 1961 roku w Neuilly-sur-Seine z matki Brytyjki i ojca Francuza. Po studiach literackich w Anglii, zaczęła pracować dla magazynów (*Elle, Psychologie* itp.), jednocześnie pisząc. Po kilku latach znalazła się w pierwszej dziesiątce najbardziej poczytnych autorów we Francji. Do tej pory opublikowała jedenaście powieści, w tym *L'Appartement témoin* (1992), *Moka* (2006), *Sarah's Key* (2007), *The House I Loved* (2009) i *A Secret Kept* (2011).

NAZYWAŁA SIĘ SARA

JEDNA KSIĄŻKA, DWIE HISTORIE

* **Gatunek:** powieść

* **Wydanie referencyjne:** de Rosnay, T. (2008) *Sarah's Key*. London: John Murray (Publishers).

* **Wydanie pierwsze:** 2007 r.

* **Tematy:** antysemityzm, wina, dziennikarstwo, śledztwo, zaginięcie, II wojna światowa

Nazywała się Sara została wydana w 2007 roku i składa się z dwóch historii. Jedna dotyczy Sarah, młodej Żydówki, która została aresztowana w Beldib latem 1942 roku. Druga dotyczy Julii, amerykańskiej dziennikarki, która ma napisać artykuł na 60. rocznicę tego nalotu. Julia ma obsesję na punkcie tego, czego dowiaduje się o tym okresie francuskiej historii i zdaje sobie sprawę, że jej własna rodzina była mocno zaangażowana. Odnajduje więc Sarę i próbuje dowiedzieć się, co stało się z tą dziewczyną.

Przetłumaczona w 38 krajach, z trzema milionami sprzedanych egzemplarzy, *Nazywała się Sara* została zaadaptowana na potrzeby kina w 2010 roku z Kristin Scott Thomas w roli głównej.

PODSUMOWANIE

Wybraliśmy strukturę streszczenia w oparciu o śledztwo prowadzone przez dziennikarkę Julię Jarmond, bohaterkę powieści, w celu napisania jej artykułu. W ten sposób przeszłość i teraźniejszość mieszają się ze sobą w tempie badań prowadzonych przez młodą kobietę.

ARTYKUŁ

Julia Jarmond jest amerykańską dziennikarką po czterdziestce, która od wielu lat mieszka we Francji ze swoim mężem Bertrandem Tézacem. Mają 11-letnią córkę Zoe. W przeszłości para walczyła o kolejne dzieci, co wywarło na nich ogromny wpływ.Dziś wydaje się, że wszystko wróciło do normy.

Para ma się wprowadzić do nowego mieszkania położonego przy rue de Saintonge, które należy do Mamé, babci Bertranda. Jako jedyna przyjęła Julię do rodziny i okazuje jej wielką sympatię. Stosunki z pozostałymi teściami Julii, którzy są bardzo autorytarni, są trudne.

Wkrótce po przeprowadzce Julia dowiaduje się, że jest w ciąży i jest zachwycona. Niestety reakcja jej męża nie jest taka, jakiej by sobie życzyła. Bertrand waha się, nie widzi siebie jako świeżo upieczonego ojca w swoim wieku i nie chce, aby Julia kontynuowała ciążę. Julia planuje więc aborcję, ale nie chce jej wykonać i postanawia zaryzykować utratę męża, aby uratować dziecko.

Magazyn Julii prosi ją o napisanie artykułu o nalocie na Vélodrome d'Hiver, powszechnie znanym jako "Vel' d'Hiv", który miał miejsce 60 lat temu. Dziennikarka zainteresowana tym okresem historii rozpoczyna śledztwo. Dowiaduje się, że przez kilka miesięcy w 1942 r. hitlerowcy prześladowali europejskich Żydów, zwłaszcza we Francji. Byli zmuszani do noszenia żółtej gwiazdy, mieli zakaz wstępu do większości miejsc publicznych, a nawet narażali swoje życie.

Kilka dni później, przypadkiem, podczas rozmowy z Mamé, dowiaduje się, że rodzina Tézac przybyła do mieszkania przy rue de Saintonge latem 1942 roku, ponieważ po łapance zwolniły się miejsca. Julia postanawia więc przeprowadzić badania, by poznać tożsamość rodziny, która mieszkała tam w tym czasie.

Dowiedziała się, że dawnymi lokatorami kamienicy Rue Saintonge była żydowska rodzina Starzyńskich, aresztowana przez francuską policję 16 lipca 1942 r. Ponadto jej teść Edouard opowiada o wydarzeniu, które głęboko go poruszyło, gdy był dzieckiem. Pewnego dnia, kiedy właśnie wprowadził się z rodziną do mieszkania, młoda dziewczyna o imieniu Sarah wpadła do ukrytej szafy w jednej z sypialni. Widok, który ją czekał, przyprawił ją o mdłości: zwłoki chłopca. Więc Julia proponuje zbadanie, aby dowiedzieć się, co stało się z Sarą.

MIESZKAŃCY RUE DE SAINTONGE

W 1942 r. do mieszkania Starzyńskich, Żydów polskiego pochodzenia, zapukała francuska policja. Córka rodziny, 10-letnia Sara, przestraszyła się i postanowiła ukryć młodszego brata w szafce, która często służyła jej za kryjówkę. Zamknęła ją na klucz i obiecała mu, że wkrótce po niego wróci. Reszta rodziny została aresztowana i przywieziona przez policję na Vélodrome d'Hiver, gdzie tysiące Żydów musiało przebywać przez kilka dni w upiornych warunkach, bez jedzenia i wody. Tam Sara powiedziała ojcu, że ukryła Michela. Starzyński, ogarnięty paniką, poprosił policję o pozwolenie na odebranie dziecka, ale ta odmówiła. Sara czuła się strasznie winna i obawiała się, że skazała brata na śmierć w szafie.

 ## DOBRZE WIEDZIEĆ: ZESTAWIENIE VÉLODROME D'HIVER

Łapanka na Vélodrome d'Hiver odbyła się 16 i 17 lipca 1942 roku we współpracy z francuską policją. Ponad 13 000 Żydów zostało aresztowanych i umieszczonych wewnątrz welodromu, aby czekać na wysłanie do obozów koncentracyjnych lub obozów zagłady w zależności od ich zdolności do pracy. Łapanka dotyczyła tylko Żydów zagranicznych, ale ich dzieci, nawet jeśli urodziły się we Francji, zostały zabrane ze sobą.

Kilka dni później wszyscy zostali wysłani pociągiem do obozów położonych na południe od Paryża. Wkrótce rodziny zostały rozdzielone, a rodzice zatrzymali się tam tylko na chwilę przed wyjazdem do Auschwitz. Sarah została sama w baraku dla dzieci, obsesyjnie pragnąc wrócić do Paryża i uratować brata. Wkrótce poznała inną młodą dziewczynę, Rachel, która przekonała ją do ucieczki.

Udało im się razem uciec, wędrując do odległych okolicznych wiosek i ukrywając się w lasach, aż w końcu dotarli do domu Julesa i Genevieve Dufort, którzy ich przywitali. Jednak Rachel była chora i lekarz wezwany do jej łóżka poinformował władze niemieckie o jej obecności. Ukrywając się w piwnicy, Sarah jest świadkiem aresztowania jej przyjaciółki. Na szczęście Dufort nie został upomniany. Dziewczyna wyjaśniła im wtedy, że chce wrócić do Paryża, aby uwolnić brata. Para postanowiła jej towarzyszyć. Jednak kiedy Sarah przybywa do swojego mieszkania, jest zaskoczona, że znajduje tam dziwną rodzinę. Mimo to wbiega do swojej sypialni, otwiera szafę i odkrywa martwe ciało Michela.

POSZUKIWANIE SARY

Édouard przekazuje Julii serię listów datowanych od września 1942 do kwietnia 1952: zostały napisane przez Julesa Dufaure'a i zaadresowane do André Tézaca, ojca Édouarda. Mówią wyłącznie o Sarze, jej edukacji i zdrowiu. Julia odkrywa, że przez dziesięć lat André Tézac wysyłał co miesiąc pieniądze do Dufaure'ów, aby zaspokoić potrzeby Sary. Nigdy nie wybaczył sobie sceny, w której odkryto ciało Michela, i uważał, że jego obowiązkiem jest pomóc dziewczynce.

Julii udaje się również wytropić Natalie Dufort, która okazuje się być wnuczką Julesa i Genevieve, którzy znali Sarę jako dziecko w latach pięćdziesiątych. Młoda kobieta umówiła się na spotkanie z dziadkiem, który powiedział Julii, że Sarah przeniosła się do Ameryki z Francji w 1952 roku i nie wiadomo nic na temat jej losów od 1955 roku. Wiadomo tylko, że jest żoną Amerykanina.

Podczas wakacji Zoë musi wyjechać do domu swoich dziadków w Stanach Zjednoczonych. Julia postanawia jej towarzyszyć, aby kontynuować tam swoje badania. Ma nadzieję dowiedzieć się więcej o Sarze. W tym celu udaje się pod jej ostatni znany adres. Tam jednak przeżywa szok: dowiaduje się, że Sarah zginęła w wypadku samochodowym w 1972 roku. Miała syna Williama, który mieszka w Toskanii. Zdeterminowana, by kontynuować swoje śledztwo, Julia leci z Zoë do Włoch. Tam spotyka Williama, który nie zna żadnej historii swojej matki. Wpada w złość i ich spotkanie zostaje przerwane.

Julia wraca następnie do Francji. Mijają miesiące, a jej ciąża osiąga pełny termin. Pewnego dnia, po tym jak od lata nic od niego nie słyszała, William nagle pojawia się w jej domu. Przeprowadził własne badania i odkrył, że Julia powiedziała mu prawdę. Mówi jej, że jego matka popełniła samobójstwo, ponieważ prześladowało ją to, co przeszła i śmierć brata, za którą czuła się odpowiedzialna.

Chwilę później dowiadujemy się, że Julia przeprowadziła się z Zoë do Nowego Jorku. Zostawiła Bertranda, który wyznał, że kocha Amelię i chce z nią zamieszkać. Nie mogąc przestać myśleć o Williamie, robi rozeznanie i odkrywa, że mieszka on w tym samym mieście. Pewnego dnia dzwoni jej telefon: to on. Proponuje, żeby się spotkali. Ona zgadza się i spotykają się nieco później w kawiarni, gdzie Julia przedstawia mu swoje dziecko; dziewczynkę o imieniu Sarah.

STUDIUM POSTACI

SARAH

Sarah ma dziesięć lat w lipcu 1942 roku. Jest francuską dziewczyną urodzoną w polsko-żydowskiej rodzinie. Ona i jej rodzina cierpieli prześladowania, które dotknęły wówczas Żydów.

Lojalna, inteligentna i o silnej woli wierzy, że może uratować brata, ukrywając go w szafie, kiedy jego rodzina zostaje aresztowana. Niestety nie zdążyła i zmarł. Sarah przez całe życie odczuwała nie tylko horror, którego doświadczyła latem 1942 roku, ale także skutki tej tragedii, za którą czuje się odpowiedzialna. Zostaje przygarnięta przez francuską rodzinę i próbuje zacząć od nowa, ale jej wspomnienia z Francji są zbyt silne. Przeprowadza się więc do Ameryki i ukrywa swoją przeszłość i tożsamość przed mężem i synem. Poczucie winy było jednak tak silne, że w 1972 roku popełniła samobójstwo, wsiadając za kierownicę samochodu.

JULIA JARMOND

Julia Jarmond jest Amerykanką, która w maju 2002 roku skończyła 40 lat. Jest żoną Francuza Bertranda Tézaca i od wielu lat mieszka we Francji. Ma 11-letnią córkę Zoe. Ich małżeństwo popadło w kłopoty: Julia i jej mąż nie mogli mieć drugiego dziecka, a Bertrand zdradził ją ze starą przyjaciółką ze studiów, pozostawiając głęboką bliznę w ich związku.

Jako reporterka magazynu musi napisać artykuł upamiętniający nalot na Weldib. Ten okres francuskiej historii, którego nie znała, głęboko ją porusza, zwłaszcza gdy dowiaduje się, że zaangażowana była rodzina jej męża.

Inteligentna, ale uparta, próbuje dowiedzieć się, co stało się z Sarą, mimo ostrzeżeń teścia, który prosi ją o porzucenie badań. Przez całą powieść Julia pokazuje, że ma coraz silniejszą wolę i jest coraz bardziej niezależna w stosunku do swoich teściów i ich oceny. Przed rozpoczęciem śledztwa bardzo martwiła się o opinię Tézaców, ale odkrycie historii Sary całkowicie to zmienia; uświadamia sobie, co tak naprawdę jest dla niej ważne, z dwóch powodów:

- Jej córka Zoë jest w tym samym wieku, co Sarah, gdy została aresztowana. Julia nie może przestać odnosić dziewczynki do własnego dziecka i szuka prawdy w hołdzie dla Sary.

- Uświadomiła sobie kruchość życia: Starzyńscy byli zwykłą rodziną, tak jak rodzina Julii. Nagle znaleźli się w sytuacji, na którą nie mieli wpływu i stali się ofiarami okrucieństwa człowieka. Julia rozumie więc, że życie jest bardzo kruche i zdaje sobie sprawę, że stabilność, którą zna, może w każdej chwili runąć. Z tego powodu przewartościowuje swoje priorytety i postanawia poświęcić się temu, co uważa za najważniejsze.

TÉZACS

Tézacowie to rodzina z klasy średniej, kierująca się zasadami.

Przede wszystkim tworzy ją Mamé, babcia, która jako jedyna przyjmuje Julię z otwartymi ramionami. Obecnie bardzo stara, mieszka w domu spokojnej starości, gdzie Julia odwiedza ją kilka razy w tygodniu. Podczas jednej z rozmów przez przypadek dowiaduje się, jak rodzina Tézac nabyła mieszkanie przy rue de Saintonge, co stanowi początek śledztwa Julii. Mamé zapada jednak na zdrowiu, więc Julia nie może jej powiedzieć, co odkryła w sprawie Starzyńskich.

Édouard jest synem Mamé i ojcem Bertranda. Jest człowiekiem autorytatywnym, który nie akceptuje dyskusji. Początkowo sprzeciwia się badaniom Julii, ale w końcu ujawnia, że zna historię Sary. Wolał milczeć, bo ta historia, choć sprzed kilkudziesięciu lat, wciąż go prześladowała, tak bardzo wstrząsnęła nim wizyta Sary i odkrycie ciała Michela. Po tych rewelacjach, Édouard staje w obronie Julii przed resztą rodziny, która wytyka jej, że rozgrzebuje przeszłość.

Bertrand jest mężem Julii. Jest atrakcyjnym i inteligentnym mężczyzną. Jednak cechy, które Julia lubiła na początku małżeństwa, stały się coraz bardziej agresywne i Julia ma trudności z ich zaspokojeniem. Zdradził ją i chciał aborcji, kiedy dowiedział się, że jest w ciąży, co spowodowało ich rozstanie.

Reszta rodziny to Colette, matka Bertranda, oraz jej córki, Laure i Cécile.

ANALIZA

POWIEŚĆ HISTORYCZNA?

Klucz Sary to powieść, gatunek literacki, który charakteryzuje się stosunkowo długą fabułą (co odróżnia ją od noweli, która ma zaledwie kilkadziesiąt stron), która prowadzi narrację o wydarzeniach przedstawionych jako prawdziwe. Od 18th wieku powieści są dominującym gatunkiem. W jej obrębie można wyróżnić wiele kategorii: powieści przygodowe, epistolarne, psychologiczne itp.

Pod pewnymi względami *Nazywała się Sara* należy do kategorii powieści historycznej, która wykorzystuje wydarzenie historyczne jako tło, do którego dodawane są fikcyjne elementy, wydarzenia i postacie. Jest zatem definiowana jako staranne połączenie prawdziwych i fikcyjnych wydarzeń. Zaczęło się na początku 19th wieku od pism Waltera Scotta (1771-1832). Niektóre przykłady słynnych powieści historycznych to *Les Chouans* Balzaca (1829), *La Reine Margot* Alexandre'a Dumasa (1845) i *Ninety-Three* Victora Hugo (1874).

Co sprawia, że *Klucz Sary* jest powieścią historyczną?

• Po pierwsze, autor wykorzystuje prawdziwe wydarzenia jako tło. Nalot na Veldib w lipcu 1942 r. Powieść rozpoczyna się 16 lipca, kiedy francuska policja aresztowała tysiące Żydów. Wszystkie fakty są udowodnione i nawet jeśli postacie są fikcyjne, co jest typowe dla powieści historycznych, wydarzenia, przez które przechodzą, czynią z nich niesamowite postacie, które mogły naprawdę istnieć.

- Miejsca, w których Tatiana de Rosnay rozwija swoje wymyślone postacie, również odgrywają rolę w historycznej dokładności opowieści: na rue Nélaton w 15th arrondissement Paryża naprawdę znajdował się Vélodrome d'Hiver, a obóz Beaune-la-Rolande w Loiret również istniał. Był to, jak wyjaśnia powieść, obóz przejściowy, przez który przechodziły tysiące Żydów przed wyjazdem do Auschwitz, największego obozu koncentracyjnego i zagłady.

Tym samym cała pierwsza część powieści, kiedy czytelnik odkrywa historię młodej dziewczyny, czyni z *Nazywała się Sara* powieść historyczną.

POWIEŚĆ O WINIE

Poczucie winy jest szczególnie obecnym motywem w opowiadaniu. Opisuje on uczucie, które sprawia, że ktoś czuje się odpowiedzialny za jakieś, zazwyczaj poważne, wydarzenie. Cierpi na nie kilka postaci w powieści; Sarah, Edouard, ale także ogólnie Francuzi.

Sarah zmaga się z poczuciem odpowiedzialności za śmierć swojego brata Michelle. To ona ukryła go w szafie i zamknęła drzwi, obiecując jednocześnie, że jak najszybciej go zabierze. I czuje się winna tylko dlatego, że nie dotrzymała obietnicy. Michelle jej ufał, ale ona w jakiś sposób zawiodła jego zaufanie.

"Ale tato, obiecałam, że wrócę" – powiedziała ojcu, zdając sobie sprawę, że zabrała ją policja i że nie będzie mogła uwolnić brata. To poczucie winy popycha Sarę do samobójstwa długo po tym, jak opuściła Francję, założyła rodzinę i urodziła syna Williama.

– Zabiła się – powiedział stanowczo William. "Nie było wypadku. Uderzyła autem prosto w drzewo. Nic to nie zmieniło:

Poczucie winy zabrało ją do Ameryki i stało się tak uporczywe, że Sarah nie mogła już z tym żyć.

Édouard, teść Julii, również cierpi z powodu poczucia winy. Był dzieckiem, gdy Sara wróciła do tego, co było jej mieszkaniem, by uwolnić Michela, ale nie mógł zapomnieć strasznej sceny, która rozegrała się w jego sypialni, gdy dziewczynka odkryła ciało brata. Nie był w ogóle odpowiedzialny za tę sytuację, a jednak czuł się winny, że ukradł dom Sary. Jego ojciec próbował zatuszować sprawę, ukrywając ją przed pozostałymi członkami rodziny, z czym Édouard się nie zgadzał. Chciałby wiedzieć, że jego ojciec zrobił coś, by pomóc Sarze. Jego poczucie winy opuszcza go więc, gdy odkrywa, że ojciec rzeczywiście pomagał Sarze przez lata, wysyłając pieniądze do Dufaures. W ten sposób honor Tézaców zostaje odzyskany.

Francuzi zmagają się także z poczuciem winy. Latem 1942 r. policja francuska aresztowała tysiące Żydów. Gestapo poprosiło ich o wysłanie określonej liczby Żydów w wieku od 16 do 50 lat. Jednak francuska policja wykazała się szczególnym zapałem, decydując się na deportację jak największej liczby Żydów, w tym kobiet i dzieci. Mimo to niektórzy czuli się winni tej akcji. Dotyczy to również młodego policjanta, który umożliwia dziewczętom ucieczkę z obozu Beaune-La-Rolande. Zna Sarah, ponieważ regularnie pomagał jej dostać się do szkoły po drugiej stronie ulicy. Pozwala jej odejść, ponieważ nie może sobie pozwolić na odpowiedzialność za jej śmierć.

To niewątpliwie poczucie winy pogrąża Hervégo i Christophe'a, dwóch przyjaciół Julii, w milczeniu, gdy słyszą historię łapanki Vél' d'Hiv, zorganizowanej przez francuską policję; poczucie winy za bycie Francuzem, za podzielanie narodowości tych prześladowców.

POWIEŚĆ O DOJRZEWANIU

Gatunek powieści młodzieżowych powstał w Niemczech w XVIII wieku pod nazwą "Bildungsroman". Opowiada o rozwoju i ewolucji bohatera, który na początku utworu jest młody i niedoświadczony, dojrzewa i odnajduje własne rozumienie życia. W tego typu pracy główni bohaterowie często muszą stawić czoła różnym wyzwaniom i w końcu nauczyć się mądrości.

Na pierwszy rzut oka *Nazywała się Sara* nie odpowiada tradycyjnej powieści coming-of-age: Julia nie jest niedoświadczonym młodzieńcem, lecz matką po czterdziestce, zamężną i zdradzaną przez męża. Jednak jej cechy moralne czynią z niej typowego bohatera powieści o dojrzewaniu, ponieważ w obliczu różnych wyzwań dojrzewa przez całą historię.

Na początku utworu czytelnik ma do czynienia z postacią bierną, widzem własnego życia, która nie próbuje rozwiązywać problemów, z którymi się boryka z obawy przed konfliktem, ale i z łatwości:

- Wychodząc za mąż wkrótce po poznaniu Bertranda, teściowie nie akceptują jej jako Amerykanki;

- Chciałaby mieć jeszcze jedno dziecko;

- Jej mąż miał romans.

Jednak odkrycie historii Sary działa jak katalizator. Julia zdaje sobie sprawę z kruchości życia i własnych pragnień. Stopniowo przekonuje się, że musi podjąć działania, dorosnąć i wreszcie robić to, co chce:

- Nie waha się przeciwstawić zakazom Édouarda i zawsze popychać swoje śledztwa w sprawie historii małej Sary dalej;

- W końcu przeciwstawia się Bertrandowi, gdy zachodzi w ciążę i postanawia zatrzymać dziecko, mimo odmowy męża, i ostatecznie go opuszcza.

Dzięki powieści i błędom, które popełnia (które są częścią budowania charakteru), Julia w końcu bierze swoje życie w swoje ręce i nie pozwala już, aby ludzie wokół niej wywierali na nią wpływ, tak jak kiedyś. Jej bierność na początku powieści zostaje zastąpiona spełnieniem i mądrością.

PODWÓJNA NARRACJA

Klucz Sary to szczególnie oryginalna powieść, ponieważ czytelnik zostaje wciągnięty w dwie historie opowiedziane z różnych punktów widzenia:

- Z jednej strony mamy do czynienia z historią Sary: czytelnik doświadcza wydarzeń, z którymi mierzy się ta mała dziewczynka. Świat widziany jest tak, jak widzi go młoda dziewczyna, dzięki interwencji zewnętrznego, wszechwiedzącego narratora.

- Z drugiej strony mamy historię Julii, dziennikarki, która prowadzi śledztwo w sprawie młodej dziewczyny.

Pierwsza część powieści, skupiająca się głównie na pragnieniu Sary powrotu do Paryża, by uratować brata, zbudowana jest według bardzo precyzyjnego schematu. Po każdym rozdziale o historii Sary następuje rozdział o Julii. W ten sposób czytelnik rozumie, że dwa losy są ze sobą powiązane. Ta technika sprawia również, że przeszłość staje się bardziej realna i obecna w naszych oczach. W rzeczywistości Sarah żyła w 1942 roku, a Julia w 2002 roku. Jednak obie podróżują w to samo miejsce i kończą w tym samym miejscu. Dzięki temu czytelnicy mogą aktualizować historię Sary. Chociaż stało się to kilkadziesiąt lat temu, lokacje nadal istnieją, a historii dziewczyny nigdy nie można dokończyć ani wymazać.

Poszukiwania Sary kończą się odkryciem ciała Michelle, ale powieść przybiera inny kształt, skupiając się wyłącznie na wyczynach Julii, nabiera nowego dynamizmu, dynamizmu tej współczesnej postaci. Powieść kończy się wraz z zakończeniem tego zadania: Julia dowiaduje się, co stało się z Sarą, udaje jej się przywrócić pamięć Tezakowi i nawiązuje bardzo bliską więź z synem Sary.

DALSZA REFLEKSJA

KILKA PYTAŃ DO PRZEMYŚLENIA...

* *Raport Brodecka* Philippe'a Claudela (2007) wspomina o obozach koncentracyjnych takich jak *Nazywała się Sara.* Jakie są podobieństwa i różnice między tymi dwoma powieściami?

* Powieść oferuje nam kilka spojrzeń na rodzinę. Jakie one są? Rozwiń swoją odpowiedź.

* Przeanalizuj postać Bertranda. Jakie jest twoje wrażenie na jego temat?

* Dlaczego Julia widzi w Sarze tak wiele ze swojej córki, Zoë?

* Jak można wyjaśnić niechęć Williama do odkrycia prawdy o matce? Uzasadnij swoją odpowiedź.

* Tatiana de Rosnay powiedziała "Zawsze interesowały mnie wspomnienia tych miejsc. Nadal jestem przekonana, że mury przechowują ślady i ducha tego, co wydarzyło się w tych smutnych wydarzeniach". Co rozumiesz z tego cytatu w odniesieniu do *Klucza Sary*? Rozwiń swoją odpowiedź.

PRZECZYTAJ TAKŻE

WYDANIE REFERENCYJNE

De Rosnay, T. (2008) *Sarah's Key*. London: John Murray (Publishers).

Chcemy usłyszeć od Ciebie, co się dzieje!
Zostaw komentarz na temat swojej internetowej biblioteki
i podziel się swoimi ulubionymi książkami w mediach społecznościowych!

Dlaczego warto wybrać Must Read?

Dowiedz się wszystkiego, co musisz wiedzieć o książce dzięki naszym zwięzłym i dogłębnym streszczeniom i analizom!

Odkryj to, co najlepsze w literaturze w zupełnie nowym świetle!

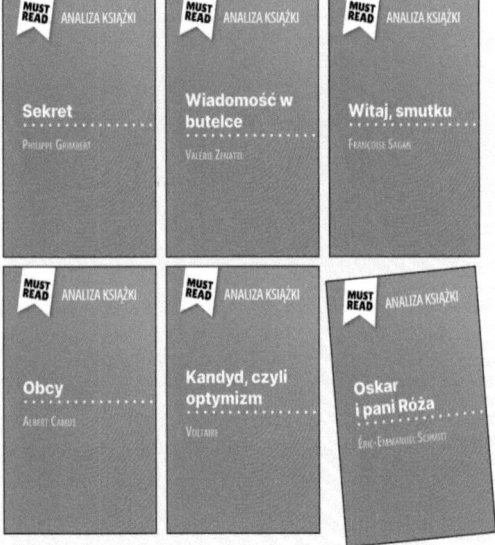

www.50minutes.com

www.50minutes.com

Master ISBN: 9782808693943
Papierowy ISBN: 9782808615341
Depozyt prawny: D/2023/12603/1814

Verhaal: © Primento

Projekt cyfrowy: Primento, cyfrowy partner wydawców.